Emil Schulenburg

Die Spuren des Brautraubes, Brautkaufes und ähnlicher Verhältnisse in den französischen Epen des Mittelalters

Emil Schulenburg

Die Spuren des Brautraubes, Brautkaufes und ähnlicher Verhältnisse in den französischen Epen des Mittelalters

ISBN/EAN: 9783743385498

Hergestellt in Europa, USA, Kanada, Australien, Japan

Cover: Foto ©ninafisch / pixelio.de

Manufactured and distributed by brebook publishing software (www.brebook.com)

Emil Schulenburg

Die Spuren des Brautraubes, Brautkaufes und ähnlicher Verhältnisse in den französischen Epen des Mittelalters

Die Spuren

des

Brautraubes, Brautkaufes

und

ähnlicher Verhältnisse

in den

französischen Epen des Mittelalters.

Inaugural-Dissertation

zur

Erlangung der Doctorwürde

der

hohen philosophischen Fakultät der Universität Rostock

vorgelegt von

Emil Schulenburg

aus Rostock.

Rostock.

Universitäts-Buchdruckerei von Adler's Erben.

1894.

Referent: Herr Prof. Dr. **Lindner.**

Meinen Eltern

gewidmet.

Vorwort.

Zu der vorliegenden Arbeit bin ich durch Herrn Professor Dr. Bernhöfts Schrift „Frauenleben in der Vorzeit" (Wismar 1893)[1]) veranlasst worden, in welcher der Verfasser auch dem Brautraub und Brautkauf die ihnen gebührende Stellung anweist. Herr Professor Dr. Lindner regte in mir den in der vorliegenden Abhandlung zur Ausführung gebrachten Gedanken an, die altfranzösichen Epen unter dem Gesichtspunkte des Brautraubes und Brautkaufes durchzusuchen und alles, was auf ein Lebendigsein jener Anschauungen dort hindeutete, zusammenzustellen. Da mir Handschriften nicht zu Gebote standen, musste ich die noch ziemlich beträchtliche Menge unedierter Epen unberücksichtigt lassen, soweit sie nicht in der Histoire littéraire de la France oder anderweitig wenigstens in genauer Inhaltsangabe vorlagen. Auch war ich durch die Verhältnisse der hiesigen Universitäts-Bibliothek etwas behindert, so dass ich auch schon edierte Dichtungen mitunter nur nach der Hist. litt. citieren konnte. Nicht unwesentliche Hülfe hat mir die Berliner Königl. Bibliothek geleistet, welche mir mit der grössten Bereitwilligkeit mehrere mir sonst

---

[1]) Vgl. Litt.-Blatt für germanische und romanische Philologie, 1894, S. 123.

unzugängliche Werke überlassen hat. Dass ich bei Citaten nicht stets die neuesten Ausgaben anführe, hat gleichfalls die Ursache, dass dieselben mir nicht immer vorlagen; auch war für den speziellen Zweck meiner Arbeit, bei welcher es lediglich auf den Inhalt der Epen ankommt, ein kritischer Text nicht erforderlich. In einzelnen Fällen ist auf englische oder deutsche Epen verwiesen worden, falls dieselben mit Sicherheit auf französischer Quelle beruhen.

Der Ausdruck „Braut" ist überall im weitesten, ursprünglichen Sinne gebraucht, so dass z. B. auch gewaltsame Entführung der Frau eines Andern unter Brautraub verstanden wird.

Bemerkt sei endlich, dass ich, um den ohnehin reichlichen Stoff nicht übermässig auszudehnen, die altfranzösischen Prosaromane habe unberücksichtigt lassen müssen.

Einleitung.

Man hat sich neuerdings in juristischen Kreisen vielfach mit dem Brautraub und Brautkauf beschäftigt [1]), jenen Formen des Eheschlusses, welche nachweislich alle Völker der Erde einmal durchgemacht haben bezw. noch durchmachen, bevor sie zu der jetzt in Kulturstaaten üblichen Form gelangen. Die halbkultivierten Staaten Asiens stehen heute noch fast durchweg auf dem Standpunkte des Brautkaufes. Bei den ganz rohen Völkern Australiens, Neu-Guineas, Südamerikas herrschen oder herrschten, bis sich der Einfluss der Europäer fühlbar machte, noch ganz die Anschauungen des Brautraubes in seiner ursprünglichen Form.[2]) Auch bei fast allen arischen Völkern, besonders bei den Slaven, lässt sich das

---

[1]) Unter andern:
J. Kohler, Studien über Frauengemeinschaft, Frauenraub und Frauenkauf, Zeitschr. f. vgl. Rechtswiss., Bd. V, 1884, S. 334 ff.
J. Kohler, Frauenerwerbung und Frauenraub im finnischen Heldenepos, Zeitschr. f. vgl. Rechtswiss., Bd. VI, S. 277 ff.
Bernhöft, Die Principien des europäischen Familienrechts, Zeitschr. f. vgl. Rechtswiss., Bd. IX, 1891, S. 392, ff.
Lothar Dargun, Mutterrecht und Raubehe, Breslau 1883, Untersuchungen zur deutschen Staats- und Rechtsgeschichte, Bd. XVI.
M. Kulischer, Interkommunale Ehe durch Raub und Kauf, Zeitschr. f. Ethnologie, Bd. 10, 1878, S. 193—226.
Weinhold, Die deutschen Frauen, Wien 1882, Bd. I, S. 308 ff.
[2]) Dargun a. a. O. S. 80 ff.

einstige Vorhandensein der Raubehe entweder durch uns erhaltene mittelalterliche Rechtsbestimmungen oder an noch vorhandenen Hochzeitsgebräuchen, an denen in manchen Gegenden das Landvolk mit grosser Zähigkeit festhält, nachweisen.[1]) Einen dritten Anhaltspunkt endlich bieten die älteren litterarischen Erzeugnisse, welche, da sie das Leben und Denken des Volkes wiederspiegeln, für uns oft zu Quellen für seine Auffassung der Ehe werden können. Nur muss man bei der Schlussfolgerung aus literarischen Nachweisen vorsichtiger zu Werke gehen als bei Sitten, welche das Volksleben direkt bewahrt hat, oder bei Gesetzen, die mit historischer Treue überliefert sind. Kaum ein Gebiet des geistigen Lebens ist äusseren Einwirkungen so ausgesetzt wie die Litteratur, und man muss deswegen erst, soweit es möglich ist, den Ursprung der betreffenden Dichtung erforschen, bevor man auf einen im Volke wurzelnden Gebrauch schliessen darf. In Frankreich, wie überhaupt in den romanischen Ländern, scheinen nun die Nachweise für die Form der Eheschliessung aus der Litteratur deswegen von um so grösserer Bedeutung zu sein, als sich andere Anhaltspunkte dafür weit weniger wie bei Slaven und Germanen finden. Bei den Spuren von Brautraub und Brautkauf, auf welche wir in Gedichten von rein französischem Ursprung stossen, lässt sich nun freilich nur selten mit Sicherheit entscheiden, ob sie auf keltische, romanische oder germanische Herkunft zurückweisen. Denn in jener Blütezeit des altfranzösischen Epos sind die Franzosen schon zu sehr Einheitsvolk, als dass sich in ihren Anschauungen stets bestimmte Spuren eines jener drei Hauptelemente nachweisen liessen. Andererseits macht

---

[1]) Ibid. S. 92 ff.

sich, wie überall, auch in Frankreich der Einfluss fremder Litteraturen und damit auch fremder Anschauungen geltend, in der altfranzösischen Periode besonders vom Orient her, sowie von den armorikanischen Kelten. Jedenfalls sind jedoch die mannigfachen, uns in jenen Dichtungen entgegentretenden Belege wohl geeignet, uns die Gewissheit zu geben, dass auf dem Boden des heutigen Frankreich Brautraub und Brautkauf ebenso geherrscht haben, wie anderswo.

Die weit überwiegende Mehrheit der in Frage kommenden altfranzösischen Epen stammt aus der Blütezeit der mittelalterlichen Litteratur, die bekanntlich mit der höchsten Entfaltung des höfischen Wesens Hand in Hand ging. Man kann es vom Standpunkte der vorzunehmenden Untersuchung als ein Glück bezeichnen, dass gerade die Glanzperiode des Rittertums aus der Mitte des Volkes heraus durch so mannigfaltige Stimmen verherrlicht worden ist. Hätten wir zu dieser Zeit einen Niedergang der Litteratur in Frankreich zu verzeichnen, und würde die Blüte etwa zwei Jahrhunderte früher eingetreten sein, so würden wir wahrscheinlich für unsern Zweck weit weniger Beweismaterial schöpfen können. Denn es ist keine Frage, dass gerade das Rittertum auf das Verhältnis von Mann und Frau einen entscheidenden Einfluss ausgeübt hat, und zwar in der Weise, dass es die alten Anschauungen vom Brautraub und in gewisser Beziehung vom Brautkauf wieder zur Geltung brachte. Wenn die Hypothese, dass der Ritterstand grösstenteils aus früheren Hörigen, also den Nachkommen der Urbevölkerung, hervorgegangen sei, richtig ist, so würde das gleichzeitige Wiedererwachen der alten Ideen eine leichte, ansprechende Erklärung finden. Doch muss das wohl einstweilen dahingestellt bleiben.

I.

Gehen wir zunächst den Spuren nach, die auf ein einstiges Vorhandensein des **Brautraubes** schliessen lassen. Die Idee des Brautraubes ist, den ritterlichen Verhältnissen angepasst, die, dass ebenso wie einem Krieger die gemachte Kriegsbeute rechtlich zugehört, so auch ein Ritter, der, sei es mit Gewalt oder List, eine Jungfrau dem Schutze ihrer Familie zu entreissen vermag, damit zugleich ein Besitzrecht auf ihre Person und ihr Vermögen erwirbt.

Der **Brautraub im eigentlichen Sinne** kann naturgemäss nur bei einem Volke vorkommen, das noch nicht zu einem von festen Gesetzen geschützten Zusammenleben gekommen ist, bei dem vielmehr noch ungeregelte, abenteuerliche Zustände herrschen. Diese Bedingung war in der vorhistorischen Zeit vorhanden und trat zum zweiten Male ein, als das mittelalterliche Rittertum, das in kultureller Beziehung wohl überhaupt eher einen Rückschritt als einen Fortschritt bezeichnet, wieder jenes abenteuerliche Element herbeibrachte, das für jene alten Anschauungen fruchtbaren Boden lieferte. Körperliche Tüchtigkeit wurde ja in jener Zeit über alles geschätzt. Wer im Kampfe sich auszeichnete, konnte, mochte er von noch so niedriger Geburt sein, zum höchsten berufen sein. Natürlich gaben ihm auch die Frauen vor weniger Tüchtigen den Vorzug; und wem es gelang, mit kecker Hand sich des Besitzes eines viel umworbenen Mädchens zu versichern, der konnte gewiss sein, wegen dieser Kühnheit nicht nur von den Mitbewerbern beneidet zu werden, sondern sich zugleich aus demselben Grunde die Liebe der auf diese Weise **ausgezeichneten** Jungfrau erworben zu haben. So tritt in dem Gedichte „**Der gefahrvolle Kirchhof**"[1]) ein Ritter auf, der vor den Augen sämtlicher Genossen der Tafelrunde, sowie des Königs Artus selber, eine Dame entführt, indem er die Anwesenden auffordert, wenn sie vermöchten, im Kampfe ihm seine Beute wieder abzunehmen. Dieser Aufgabe unterzieht sich Gauvain, welcher den Ritter nach langen Mühen auffindet, besiegt und die Jungfrau an den Hof des Königs zurückführt. Sie hat übrigens den Werbungen des sie entführenden Ritters keinen allzu grossen Widerstand entgegengesetzt und scheint ihre Zurückführung an den Hof keineswegs als Befreiung anzusehen. — Eine Stelle in Chrestiens „**Erec und Enide**" zeigt uns ferner, wie sehr man in jener Zeit gewohnt war, die Frau als eine immerhin wertvolle Sache anzusehen, die, sobald sie herrenlos geworden, der „ehrliche Finder" als sein Eigentum zu betrachten pflegte.[2]) Erec ist in Begleitung seiner Enide auf Abenteuer gezogen. In einem Kampfe erhält er schwere Wunden und wird ohnmächtig. Ein Graf, der mit einigen Rittern des Weges kommt, lässt den wie tot am Boden Liegenden auf eine Bahre heben und in sein in der Nähe gelegenes Schloss befördern. Enide, von deren Schönheit der Graf bezaubert ist, wird gewaltsam

---

[1]) „Liatres perillous", Herrigs Archiv, Bd. 42, 1868, S. 135 ff.; die betreffende Scene Vers 144—207.
[2]) Des Chrestiens von Troyes „Erec und Enide", herausg. v. Immanuel Bekker, Haupts Zeitschr. f. d. Altertum, Band 10, Berlin 1855, Vers 4558—4875.

mitgeschleppt und soll am folgenden Tage dem Grafen angetraut werden. Im Augenblick der höchsten Not kommt Erec aus seiner todesähnlichen Betäubung wieder zu sich und befreit seine Gattin aus den Händen ihrer Räuber. — Ein andres Beispiel von Brautraub in weiterem Sinn bietet das Epos „Aye d'Avignon". [1]) Bérenger, der sich einst um die Herzogin Aye beworben, benutzt die Abwesenheit ihres Gemahls, um sie in Avignon zu belagern und nach Eroberung der Stadt sich ihrer Person zu bemächtigen. Nach Rückkehr des enttäuschten Gatten wird Bérenger seinerseits in Avignon belagert. Doch gelingt es ihm, mit der Aye zu Schiffe aus der Stadt zu entkommen.

Sehr häufig ist die mit dem Brautraub eng zusammenhängende Erscheinung, dass ein König, dem die Hand einer Prinzessin verweigert ist, den Vater der betreffenden Jungfrau mit Krieg überzieht, um ihre Herausgabe mit offener Gewalt zu erzwingen. [2]) Oft entschloss sich der bedrängte Vater in solchem Falle durch schleuniges Nachgeben das Aeusserste abzuwenden. So im „Athis und Porphirias".

---

[1]) Inhaltsangabe der Chanson de Geste „Aye d'Avignon", hist. litt., Bd. 22, S. 338 f.

[2]) Vgl. folgende Stellen:

Li Chevaliers as deus espees, herausgegeben von Wendelin Foerster, Halle 1877, Vers 4412—4464.

Guillaume de Palerme, publié .... par H. Michelant, Paris 1876, Vers 4639 ff.

Doon de Mayence, publié .... par A. Pey, Paris 1859, Vers 6337—6383.

Florent et Octavian, hist. litt., B. 26, S. 316.

Florence de Rome, hist. litt., Bd. 26, S. 338.

Elie de St. Gille, hist. litt., Bd. 22, S. 420—422.

Lai de Gugemer bei Roquefort, Poésies de Marie de France, Paris 1819, S. 48 ff., Vers 839—884.

Lai d'Eliduc, ibid. S. 400 ff., Vers 95—102.

Hier kommt im entscheidenden Moment dann allerdings noch eine andere Macht hinzu, nämlich der vom Vater notgedrungen übergangene Liebhaber. Evas von Rom hat dem Könige Bilas von Sicilien auf dessen Drohungen hin die Hand seiner Tochter Gayete zugestanden, obwohl diese schon dem Athis zugesagt war. Athis verschafft sich selber sein Recht, indem er mit einer kleinen Schar das Heer des Bilas überfällt, es vernichtet und die Gayete den Händen des Königs entreisst.[1]) Ein Beispiel haben wir sogar, wo der eigene Gatte zur Herausgabe seiner Gattin gezwungen werden soll.[2]) Der König Ganor von den Balearen erhält von Margoire, dem Sohne des berüchtigten Königs Marsilie, die Aufforderung, ihm seine Gattin, die schöne Aye, abzutreten. Auf Ganors Weigerung sucht Margoire ihn durch Waffengewalt willfährig zu machen.

Ein offener Raub oder Abpressung, wie in den angeführten Beispielen, war natürlich nicht ratsam und sogar unmöglich, wenn die Macht des Liebenden nicht ausreichte, um sich mit Gewalt des Gegenstandes seiner Zuneigung zu versichern. In diesem Falle musste mit List vorgegangen werden. Und auch hierfür fehlen uns die Belege nicht.[3]) Be-

---

[1]) Athis und Porphirias, Inhalt hist. litt., Bd. 15, S. 185 bis 188, und W. Grimm, kl. Schriften III, S. 257—260.
[2]) Aye d'Avignon, hist. litt., Bd. 22, S. 341 f.
[3]) Florient et Florete, hist. litt., Bd. 28, S. 162 f. Zwei Ritter entführen zwei Jungfrauen aus feindlichem Lager und lassen sich sofort mit ihnen trauen.
Florent et Octavian, hist. litt., Bd. 26, S. 319. Befreiung eines Gefangenen durch eine Königstochter und gemeinsame Flucht.
Aiol entführt eine sarazenische Prinzessin, welche ihn alsbald wegen seiner Tapferkeit lieb gewinnt und sich nach ihrer Ankunft in Frankreich mit ihm verheiratet; hist. litt., Bd. 22, S. 283—285.

kannt ist die Erzählung von dem hölzernen Pferde, welches die wunderbare Eigenschaft hat, dass es sich nach leichtem Druck an einer Schraube mit dem Reiter in die Lüfte erhebt und auf ähnliche Art sich lenken und wieder zur Erde bringen lässt. Es liegt nahe, dass der Reiter die Vorzüge dieses vortrefflichen Rosses auch dazu benutzt, sich sein Schätzchen zu holen. Und zwar wählt er den Augenblick, wo die ganze Hofgesellschaft und der König an der Spitze versammelt sind, um diesem seine Tochter zu entführen.¹) Eine andere, nicht viel weniger wunderbare Entführungsscene findet sich in Guillaume de Palerme. Guillaume liebt die Tochter des Kaisers von Rom, welche dieser jedoch, ohne sich um ihre Neigung zu Guillaume zu kümmern, mit dem Sohne des Kaisers von Griechenland vermählen will. Am Tage der Hochzeit aber gelingt es den Liebenden, sich zu flüchten, indem beide, als Bären verkleidet, die Stadt durcheilen und bei dem allgemeinen Schrecken der Bevölkerung unbehindert entkommen.²) Wegen ihrer Eigenart bemerkenswert ist eine Episode in Gautier d'Aupais, dem sonst ziemlich wertlosen Werke eines anonymen Verfassers.³) Gautier, ein Jüngling von vornehmer Geburt, wird wegen seiner Miserfolge auf einem Turnier von seinem Vater aus dem Haus gejagt.⁴) Nachdem er lange Zeit arm und verlassen umhergeirrt, verliebt er sich in ein Mädchen aus edlem

---

¹) Cléomades von Adenes le roi; hist. litt., Bd. 20, S. 713.

Méliacin von Gautier d'Arras (seinem Inhalt nach dem Cléomades sehr ähnlich), Entführung mittels des Zauberpferdes an drei Stellen; hist. litt., Bd. 31, S. 175, 176, 181.

²) Guillaume de Palerme a. a. O., Vers 2563—3174.

³) Gautier d'Aupais, publié .... par Fr. Michel, Paris 1835.

⁴) Ibid. Vers 1—114.

Geschlecht. Um Gelegenheit zu finden, sich ihr zu nähern, begiebt er sich in die Dienste ihres Vaters.[1]) Heimlich lässt er sich von einem Jongleur in die Dicht- und Sangeskunst einweihen, und es gelingt ihm, durch seine Lieder die Aufmerksamkeit seiner Angebeteten auf sich zu ziehen und Gegenliebe zu erringen. Nachdem dann seine Herkunft bekannt geworden, und sein Vater sich mit ihm versöhnt hat, steht seiner Verbindung mit der Geliebten nichts mehr im Wege.[2]) Ein recht bezeichnendes Beispiel von Anwendung von List bietet endlich auch der Roman Floris und Liriope.[3])

Dem Könige, der die Hand einer Prinzessin mit Gewalt erzwingt, entspricht an anderen Stellen ein Ritter, der durch Zweikampf mit dem Vater der Erkorenen sich ein Anrecht auf dieselbe zu erwerben sucht. Gewöhnlich wurde nämlich die Werbung um die Tochter von hochstehenden Persönlichkeiten als Beleidigung aufgefasst, wahrscheinlich gemäss der alten Anschauung, dass die Frau bei der Heirat dem Manne nicht gleichberechtigt zur Seite trat, sondern gewissermassen seine Dienerin wurde, eine Anschauung, die ja auch im Brautkauf sich ausprägt. Demgemäss ist es kein Wunder, wenn ein Mann von hohem Stande in der Verheiratung seiner Tochter eine Erniedrigung für sie und für sich selbst erblickte und jedem Bewerber, besonders natürlich,

---

[1]) Ibid. Vers 115—308.
[2]) Ibid. Vers 309—886.
[3]) Floris und Liriope, Roman von Robert v. Blois, ed. von Zingerle, afr. Textbibl. 12, Leipzig 1891. Floris liebt Liriope, eine Herzogstochter. Da er aber mit seiner Liebe nicht offen hervorzutreten wagt, folgt er dem Rate seiner Schwester Florie, welche die vertrauteste Gespielin der Liriope ist. Er wechselt mit seiner Schwester die Kleider und gelangt so zum Ziele. Nachdem er dann an König Artus' Hof sich Ruhm und Ehre erworben, heiratet er die Geliebte.

wenn dieser von niedrigerem Stande war, mistrauisch begegnete.¹) So erklärt sich die nicht seltene Erscheinung, dass der Weg zur Tochter, so zu sagen, über die Leiche des Vaters ging. Wer um die Tochter warb, musste sich eventuell auf den Zweikampf mit dem Vater gefasst machen. Unter den mancherlei Abenteuern, welche Lanzelet zu bestehen hat, befindet sich auch das folgende: Lanzelet kommt in das Reich des Königs Ywaret, eines Mannes von grosser Wildheit und gewaltiger Körperkraft, der den Schwur gethan hat, sich von seiner schönen Tochter, die er über alles liebt, nur trennen zu wollen, nachdem ein Ritter ihn im Kampf besiegt habe. Lanzelet unternimmt das Wagestück, tötet den Ywaret und erhält mit der Hand der Erbin zugleich das Reich des Vaters.²) Ein anderes Beispiel liefert uns dasselbe Epos Lanzelet. Lanzelet reitet eine Strasse, die zu der Burg Lymors führt; hier herrscht der sonderbare Gebrauch, dass jeder Ritter, der die Strasse betritt, entblössten Hauptes, einen Olivenzweig in der Hand, laut seine Friedensliebe bekennen muss. Lanzelet, der von dieser Sitte nichts weiss, reitet ruhig seines Weges. Sofort stürzt die Menge auf ihn und hätte ihn in Stücke gerissen, wenn nicht die Nichte und Erbin des Burgherrn ihn vor dem unmittelbaren Tode gerettet hätte. Doch wird er dem Gesetze gemäss in einen finstern Kerker gesperrt. Dem Tode durch Henkershand kann er nur entgehen, wenn er einen Riesen, zwei Löwen und endlich den Burgherrn selber, einen gewaltigen Recken, im Kampfe überwindet. In letzterem Falle

---

¹) Cf. Bernhöft, Frauenleben S. 10—13.
²) Lanzelet von Ulrich v. Zatzikhofen, herausgegeben von K. A. Hahn, Frankfurt a. M. 1845, Vers 3872—4660.
Ueber die französische Quelle des Lanzelet vgl. Einl. von Hahn und hist. litt., Bd. 22, S. 214 f.

soll er nicht nur mit dem Leben davonkommen, sondern obendrein die Hand der schönen Erbin und die Herrschaft in der Stadt erhalten. Wie sich erraten lässt, löst Lanzelet diese Aufgaben und erhält den zugesagten Preis.¹) In La Vengeance de Raguidel wird von einem Könige erzählt, welcher den Schwur gethan hat, seine Tochter solle erst nach seinem Tode heiraten, und zwar nur den, der ihren Vater im Kampfe erschlagen werde. Dieser solle ihm zugleich in der Herrschaft folgen. Als nun Gauvain den König im Kampfe getötet, bieten seine Vasallen ihm wirklich die Hand der Prinzessin an, auf welche Gauvain freilich zu Gunsten eines anderen verzichtet. ²)

Auf ungefähr denselben Voraussetzungen beruht es, wenn ein Ritter die Witwe dessen heiratet, den er im Kampf erschlagen. In Chrestiens Iwain ³) besiegt der Held des Gedichts einen Ritter, und schon nach acht Tagen geht die Witwe mit ihm eine neue Ehe ein. — In Bueves de Commarchis findet sich sogar der Zug, dass eine Braut den ihr verlobten Bräutigam verlässt, nachdem derselbe im Kampfe besiegt worden. ⁴) Sie schenkt dem Sieger ihre Liebe, während der gedemütigte Ex-Bräutigam leer abziehen muss. ⁵) Eine

---
¹) Ibid. Vers 1370—2180.
²) La Vengeance de Raguidel, ed. von Hippeau, Paris 1862, Vers 5228—6013.
Ganz ähnlich eine Stelle in Guibert d'Andrenas, hist. litt., Bd. 22, S. 501.
³) Der Löwenritter (Ywain) von Christian v. Troyes, herausgegeben von Wendelin Foerster, Halle 1887, Vers 811 ff., 1686—2169.
Aehnlich Chanson des Saisnes, hist. litt., Bd. 20, S. 622.
⁴) Bueves de Commarchis par Adenés li rois, publié .... par Aug. Scheler, Bruxelles 1874, Vers 2589—2710.
⁵) Auch im Daniel vom Stricker heiratet die Witwe eines besiegten Königs den Sieger Daniel. Genaue Inhaltsangabe des

ganz ähnliche Auffassung tritt uns an einer anderen Stelle der Vengeance de Raguidel entgegen.[1]) Gauvain hat sich ein Anrecht auf die Person der schönen Ide erworben, die er aus Räubershand befreit hat. Als er nun mit seiner Verlobten an den Hof gekommen ist, tritt ein Ritter auf, welcher von Artus die Hand der Ide verlangt. Da Gauvain selbstverständlich dagegen protestiert, wird ein Zweikampf zwischen ihm und jenem Ritter verabredet. Der Sieg soll zugleich über den Besitz der Ide entscheiden. Nach Besiegung des Verlobten (Gauvain) wäre also die Braut in den Besitz des Siegers übergegangen. Nun kommt es freilich anders. Gauvain hat nämlich in der Zwischenzeit Gelegenheit, die Treulosigkeit der Ide zu erproben und, obwohl er im Kampfe mit seinem Rivalen Sieger ist, überlässt er diesem freiwillig die ungetreue Geliebte. — Der Roman de la Charette oder Lancelot von Chrestien [2]) beginnt damit, dass an Artus' Hof ein Ritter erscheint, der schon manchen von der Tafelrunde besiegt und zum Gefangenen gemacht hatte. Er macht dem König folgenden Vorschlag: Er solle einen seiner Helden zum Zweikampf stellen. Siegt dieser, so werden alle bereits gemachten Gefangenen herausgegeben. Andernfalls soll die Königin Genèvre, Artus' Gemahlin, dem Sieger abgetreten werden. Wir haben hier den Fall, dass an Stelle des Gatten — König Artus erscheint überhaupt äusserst selten als handelnder Ritter — ein Anderer den Kampf übernimmt, im Uebrigen aber sind die Bedingungen dieselben. Für Artus tritt

---

Daniel in „Karl der Grosse" von dem Stricker, herausgegeben von Dr. Karl Bartsch, Quedlinburg und Leipzig 1857, S. XXV.

[1]) La Vengeance de Raguidel a. a. O., Vers 4197—4851.

[2]) Abdruck bei Dr. W. J. A. Jonckbloet: Roman von Lancelot, 'Sgravenhage 1849, Vers 43—269.

hier Keux (vergl. S. 31) ein, der vom Pferde geworfen wird, worauf die Königin gezwungen ist, dem fremden Ritter zu folgen.

II.

Den angeführten Beispielen von offenem Raub der Braut, Entführung, Abpressung oder Besiegung des Vaters, Gatten oder Verlobten liegt ein und derselbe Gedanke zu Grunde: Wer durch Tapferkeit, Klugheit oder Macht imstande ist, ein Mädchen zu erringen, dem gehört es, wie jede andere Kriegsbeute, von Rechtswegen zu. Dass diese Auffassung an den uralten Begriff vom Brautraube nicht blos erinnert, sondern durchaus der gleichen Anschauung entsprungen ist, dürfte kaum zu bezweifeln sein.

Halten wir nun daran fest, dass der Begriff der Tapferkeit die Ursache zu der Entstehung des Brautraubes war, so führt uns derselbe Begriff zugleich auf ein an sich gänzlich entgegengesetztes Gebiet, dessen Kernpunkt aber gleichfalls der Begriff der Tapferkeit bildet, auf das **Erdienen der Braut**. Dieser im Mittelalter so weit verbreitete Gebrauch ist, genau genommen, eigentlich nichts anderes als ein **Brautkauf**, bei welchem der Preis nur nicht in Geld oder Gut, sondern eben durch die Dienste des Käufers abgezahlt wurde. Bevor wir indes auf die näheren Umstände eingehen, unter welchen dieser Brautdienst, der in jener Zeit meist **ritterlicher** Art war, statt hatte, wollen wir die Frage erörtern: Finden sich in altfranzösischen Epen Beispiele von eigentlichem **Brautkauf**, d. h. dem Abschluss von Ehen in der Weise, dass der Freier die Braut von ihrem Vater oder nächsten Anverwandten durch Geld oder Geschenke erkauft? Von diesem Gebrauch sind nur schwache Andeutungen vorhanden. Im Cléomades[1]) findet sich folgender Zug: Drei afrikanische Könige werben um die drei Schwestern des Cléomades, indem jeder ein kostbares Brautgeschenk herbeibringt, darunter auch jenes oben erwähnte wunderbare Pferd, mit dessen Hülfe Cléomades sich nachher der von ihm geliebten Prinzessin bemächtigt. — An einer Stelle des Aubéri le Bourgoing[2]) hält der Räuber Lambert d'Oridon um die Hand der Seneheut, Aubéris Stieftochter, an, indem er sich für einen mächtigen Grafen ausgiebt und unermessliche Schätze als Brautgeschenke bietet. — Als Gegenstück hierzu ist eine Stelle der schon erwähnten Chanson de Geste „Aye d'Avignon"[3]) von Interesse. Bérenger, der Sohn des Verräters Ganelon, landet mit seiner Gattin Aye, die er seinerseits ihrem rechtmässigen Gatten entführt hat, an der Küste der Balearen. Der sarazenische König dieser Inseln, Ganor, hält Aye für eine Verwandte („cosine ou parente") Bérengers und ersucht ihn, sie ihm zu verkaufen. Dieser aber weigert sich mit den Worten, **es sei in Frankreich nicht Mode, dass man seine Frauen verkaufe.** Es spricht sich hierin eine deutliche Abneigung gegen die bei den Muselmännern übliche Sitte des Brautkaufes aus. Dass diese Abneigung bestanden haben muss, bestätigt sich auch durch die ausserordentliche Spärlichkeit der Ueberreste, welche sich vom Brautkauf in der französischen Dichtung des Mittelalters finden, und dass eine auf so wenig ritterlichen

---

[1]) Cléomades a. a. O., hist. litt., Bd. 20, S. 712. Auch dieser Zug findet sich in dem inhaltlich wenig abweichenden Roman Méliacin, hist. litt., Bd. 31, S. 171—173.
[2]) Aubéri le Bourgoing, publié par P. Tarbé, Reims 1849, S. 60 ff.
[3]) Hist. litt., Bd. 22, S. 339 ff.

Anschauungen beruhende Einrichtung wie der Brautkauf in jener Blütezeit höfischen Wesens nicht zu Ansehen kommen konnte, ist leicht begreiflich. In einer Zeit, wo ritterliche Thaten in so hohem Ansehen standen, war es natürlich, dass bei der Brautwerbung niemand würdiger erschien als wer durch Kühnheit und Tapferkeit hervorragte. Wer also, ohne zum Brautraub oder zur List seine Zuflucht nehmen zu wollen, um die Hand eines Mädchens warb, musste sich zunächst durch irgend welche ritterlichen Dienste ihrer würdig erweisen.[1] So bildete sich der Gebrauch heraus, dass der Ritter bei seiner Dame in ein förmliches Dienstverhältnis trat, welches oft auch äusserlich durch ein dem Ritter von seiner Herrin verliehenes Abzeichen angedeutet wurde.[2] In vielen Fällen stellte diese selber Aufgaben, deren einfachste Form das an den Ritter gerichtete Verlangen der Tapferkeit war. So fordert in dem schon genannten Epos Bueves de Commarchis[3] die Prinzessin Malatrie von ihrem Verlobten, er solle durch eine ritterliche That beweisen, dass er des verheissenen Lohnes würdig sei. Als dann jener in einem unter den Augen seiner Braut stattfindenden Zweikampfe besiegt wird, hat dieser Umschwung seines Kriegsglückes zugleich

---

[1] Manchmal war die Forderung ritterlicher Dienste in einer Klausel verborgen. So bekommt in dem — aus dem Englischen entlehnten (vgl. Körting, Grundriss der Gesch. der engl. Litt. § 88) — Lai de Havelock, H., ein Küchenjunge, die Hand einer Königstochter, infolge einer Bestimmung, welche deren Vater sterbend getroffen hatte, man solle seine Tochter dereinst dem Stärksten im Lande vermählen; und als dieser war H. bekannt.
[2] Vergl. Weinhold a. a. O. I, S. 256 f.; A. Schultz, Das höfische Leben, Bd. I, S. 470 f.
[3] Bueves de Commarchis a. a. O., Vers 2266—2288.

den Verlust seiner Geliebten zur Folge.[1]) Zuverlässiger erweist sich Guy of Warwick, der die noch weit anspruchsvolleren Forderungen einer englischen Prinzessin getreulich vollführt. Mehrmals kehrt er nach Vollbringung der unglaublichsten Heldenthaten zu seiner Angebeteten zurück, immer hoffend, das ihm gesteckte Ziel des grössten Helden der Christenheit erreicht zu haben. Nach langen Jahren und nach Bestehung der härtesten Proben findet er endlich Erhörung.[2]) Im direkten Gegensatz zu diesen, den unverkennbaren Stempel ihrer Zeit tragenden Dichtungen steht ein auf germanischer Grundlage beruhendes Gedicht, Horn, welches eine ganz andere Auffassung der Liebe zeigt. Hier ist es nicht der Mann, sondern das Mädchen, welches das erste Liebesgeständnis macht. Die Königstochter Rimel liebt den jungen Horn, der, obwohl Königssohn, dennoch nicht als solcher, sondern als einfacher Knappe an ihres Vaters Hofe lebt, da er in jungen Jahren sein Vaterland hat verlassen müssen. Rimel entbietet Horn zu sich und gesteht ihm ihre Liebe. Er aber erwidert, er sei ihrer noch nicht würdig; wenn er dereinst den Ruf eines tapferen Ritters erlangt habe, dann sei er bereit, mit Genehmigung ihres Vaters, des Königs, ihre Wünsche zu erfüllen. Trotz der sich hier aussprechenden Verschiedenheit der altgermanischen Anschauung von der romani-

---

[1]) Aehnlich im Méraugis de Portlesguez von Raoul de Houdene, publié .... par H. Michelant, Paris 1869, S. 45, Vers 49 f., wo Lidoine von dem ihr durch einen unter Vorsitz der Königin gefällten Urteilsspruch zugesprochenen M. verlangt, er solle zuvor ein Jahr lang seine kriegerische Tüchtigkeit erweisen.

[2]) The romance of Guy of Warwick, edited by Dr. Jul. Zupitza, London 1875/76, Vers 354—364, 435—444, 794—820, 6967 bis 7118.

schen, die übrigens in dem altenglischen Gedichte King Horn [1]) noch deutlicher hervortritt, zeigt sich dennoch die Auffassung des Brautdienstes nicht minder klar: Die Liebe der Jungfrau war ein Lohn, der erst durch ritterliche Thaten erworben werden musste. Ob diese nun von der Jungfrau selber gefordert werden, oder ob der Ritter der Vernünftige ist und die Liebe des Mädchens erst annehmen will, wenn er ihr einen berühmten Namen zu bieten vermag, bleibt sich für diese Auffassung völlig gleich. Umgekehrt wurde Feigheit des Gatten oder Verlobten als genügender Grund für die Frau angesehen, ihn zu verlassen. So geht es Lanzelet[2]), als er mit seiner Gattin in eine verzauberte Stadt kommt. Jeder Ritter, der sie betrat, wurde in der Art umgewandelt, dass er um so schwächlicher und feiger wurde, je tapferer und kühner er vorher gewesen war. Lanzelet wird von sämtlichen Rittern, die der Herrscher der Stadt dort gefangen hält und nach Belieben beleidigt oder töten lässt, alsbald der jämmerlichste und duldet die gröbsten Schmähungen. Die arme Frau, die sich die Umwandlung ihres Gatten nicht zu erklären weiss, entschliesst sich zuletzt schweren Herzens, ihn zu verlassen. Dem Charakter der Ritterromane gemäss, die doch vorzugsweise auf eine Verherrlichung des Ritterstandes hinausliefen, wenigstens wenn man von den Karri-

---

[1]) Inh. des französischen Roman de Horn, hist. litt., Bd. 22, S. 559 f.
Der englische King Horn, herausgegeben von Dr. Horstmann, Herrigs Archiv, Bd. 50, 1872, S. 39 ff., Vers 250—598.
Auf die Eigentümlichkeit der germanischen Auffassung im Horn hat zuerst Ten Brink aufmerksam gemacht, vgl. Wissmann, Studium zu King Horn, Anglia 4, S. 372 ff.
[2]) Lanzelet von Ulrich v. Zatzikhofen a. a. O., Vers 3536 bis 3675.

katuren der späteren Zeit absieht, sind Beispiele, wie das letzte, natürlich selten. Um so häufiger findet sich, und zwar namentlich in Romanen bretonischen Ursprungs, die Erscheinung, dass die Geliebte von ihrem Ritter nicht, wie im **Bueves de Commarchis**, allgemeine Bethätigung der Tapferkeit verlangte, sondern dass sie ihm Einzelaufgaben stellte, die oft von der seltsamsten und abenteuerlichsten Art sind. Der Wunsch, welchen im **Torec**[1]) die schöne Mirande ausspricht, ihr Verehrer Torec möchte sämtliche Ritter von Artus' Tafelrunde aus dem Sattel heben, was er denn auch glücklich vollbringt, erscheint noch bescheiden im Vergleich zu den ungeheuerlichen Gefahren, welche die Launenhaftigkeit anderer Schönen ihren ebenso todesmutigen als geduldigen Anbetern auferlegt. Im **Lai de Doon**[2]) hat Doon sich durch Vollbringung eines Probestücks, eines Dauerrittes von Southampton bis Edinburgh in einem Tage, ein Anrecht auf die Hand einer Königstochter erworben. Diese aber, mit der ersten Leistung nicht zufrieden, verlangt noch obendrein, Doon solle es zu Pferde mit einem im Fluge begriffenen Schwan aufnehmen. Als er auch dies glücklich vollführt, wird das ihm gegebene Versprechen endlich eingelöst. Ein nicht minder anspruchsvolles Ansinnen wird im **Conte du Graal**[3]) an Perceval von einer Jungfrau gestellt, in deren

---

[1]) Torec, Teil des niederländischen Roman van Lancelot, herausgegeben von Dr. W. J. A. Jonckbloet, 'Sgravenhage 1849, III. Buch, Vers 23769–23775 und Vers 26133–26891.
[2]) Lai de Doon s. Romania Bd. 8, S. 59 ff., Vers 136–162.
[3]) Die Sage vom Gral, ihre Entwicklung und dichterische Ausbildung in Frankreich und Deutschland im 12. und 13. Jahrhundert von Ad. Birch-Hirschfeld, Leipzig 1877, S. 96–98. (Der Inhalt wird nach Potvins Ausgabe angegeben, und das hier interessierende Stück umfasst dort etwa Vers 22400–30500.)

Dienst er sich begiebt. Sie fordert, er solle ihr den Kopf eines weissen Hirsches bringen, der sich in dem angrenzenden Schlossparke befände. Dieses scheinbar leichte Unternehmen wird dadurch zu einem äusserst schwierigen, dass sich damit eine Reihe gefährlicher Abenteuer verknüpft; wie zu erwarten ist, besteht Perceval sie alle und erhält dann den zugesagten Lohn. — In „Le Bel Inconnu" hat eine Dame, die „fée de l'île d'or" die sonderbare Bestimmung getroffen, ihr Bewerber solle eine Brücke bewachen und jeden, der dieselbe überschreiten wolle, mit Waffengewalt daran hindern. Wenn er in diesen Kämpfen neun Jahre Sieger geblieben, solle er die Hand der Fee erhalten. Als Giglain dorthin kommt, tritt ihm als Wächter ein Ritter entgegen, welcher bereits sieben Jahre seines Amtes gewaltet hatte.[1] Giglain besiegt den Ritter, und die Fee, welche an ihm besonderes Wohlgefallen findet, beschliesst dieses Mal eine Ausnahme zu machen, und bietet ihm Hand und Krone auf der Stelle an, was Giglain allerdings nicht annehmen kann, da er sich schon zu einem andern Abenteuer verpflichtet hat.[2] Aus derartigen Beispielen, wo ein Mädchen den um ihre Liebe werbenden Mann selber den grössten Gefahren aussetzt, könnte man schliessen, dass die Damen jener Zeit auf diesem — damals in der That nicht ungewöhnlichen Wege — sich ungebetene Liebhaber hätten vom Halse schaffen wollen, ja überhaupt von ausserordentlicher Sprödigkeit gegen das männliche Geschlecht gewesen seien. Dass aber ungefähr das Gegenteil der Fall ist, beweisen zahlreiche Beispiele in der altfranzösischen Dichtung; und es ist nicht

---

[1] Le Bel Inconnu ou Giglain, fils de Messire Gouvain, publié par C. Hippeau, Paris 1860, Vers 1989—1992.
[2] Ibid. Vers 2240 ff.

daran zu zweifeln, dass diese Geschichten, mögen sie auch gerade hier oft übertreiben, dennoch sehr viel Wahres enthalten.[1]) Sicherlich dachte jene Zeit in dieser Beziehung ganz anders als die unsere. Die Liebe eines ritterlichen Helden gereichte jeder Jungfrau zur Zierde, und viele Beispiele lehren, dass es für ein Mädchen keine Schande war, wenn sie einem solchen Manne ihre Liebe schenkte. Gauvain z. B. der Hauptheld der Artusromane, gewinnt überall wohin er kommt, die Herzen der Damen im Fluge. Aber auch die Liebe eines Mädchens von vornehmem Stande zu einem Manne von niedriger Herkunft und noch nicht erprobter Tüchtigkeit wurde an sich noch nicht als unwürdig angesehen, sie wurde es erst, wenn der Mann durch Feigheit oder Schwäche sich selbst erniedrigte. Aus diesem Gesichtspunkte ist der Vorgang zu erklären, dass eine vornehme Dame sich in einen einfachen Knappen (einen „varlet") verliebt[2]); da aber an ihre Verbindung so noch nicht zu denken ist, lässt sie selber ihn mit guten Waffen versehen und befiehlt ihm, auf einem gerade stattfindenden Turniere sich ihrer wert zu zeigen. Der Knappe, schon vorher auf Veranlassung seiner Geliebten zum Ritter geschlagen, verrichtet Wunder der Tapferkeit und wird vom König höchsteigenhändig mit der Hand seiner Dame belohnt.

Dieser Vorgang führt uns auf einen Gebrauch, der sich gleichfalls nicht selten findet, dass der Sieger im Turnier mit der Hand einer vornehmen Frau belohnt wird. Das Turnier, welches von Königen, Fürsten oder anderen hohen Herren ausgeschrieben wurde, war nicht nur der Sammelplatz

---

[1]) Vgl. A. Schulz a. a. O. Bd. I, S. 461 ff.
[2]) So im Gliglois, hist. litt, Bd. 30, S. 167—169.

gewaltiger Helden, sondern auch der schönsten und edelsten Frauen¹), denen allen es natürlich als ein sehr begehrenswertes Ziel erschien, mit einem ruhmgekrönten Sieger vermählt zu werden. So war man um den Siegespreis selten verlegen. In dem Epos Le Bel Inconnu²) erhält Giglain, nachdem er im Turnier gesiegt, vom König Artus als Preis die Hand einer Königin. Und das Sonderbare hierbei ist, dass der Ritter von dieser königlichen Gnade sehr wenig beglückt ist. Vielmehr liegt er in den Banden einer Anderen und hat die Verbindung mit jener Königin schon einmal von sich gewiesen. Trotzdem entschliesst er sich jetzt, das Anerbieten anzunehmen. Besser ergeht es dem Fergus. Dieser siegt in einem Turniere, dessen vorher angekündigter Preis darin bestand, dass der Sieger mit einer Königstochter vermählt werden und zugleich mit ihrer Person auch ihr Reich erhalten sollte. Galiene, gleichfalls eine Königin, bittet Artus, ihr den Fergus, den sie schon lange geliebt hat, zum Gemahl zu geben, um ihn auf diese Weise für seine Heldenthaten zu belohnen.³) Wirklich ist auch Fergus von dem ehrenden Anerbieten höchlich entzückt und der Hochzeit steht nichts im Wege.⁴) Nicht immer waren die Bestimmungen des Turniers in dieser Beziehung so allgemein gehalten. Es kommt auch vor, dass Turniere vom Vater der Jungfrau mit der ausgesprochenen Absicht veranstaltet werden, das Mädchen auf ehrenvolle Weise an den Mann zu bringen. Im Escanor⁵) veranstaltet der König

---

¹) Vgl. A. Schultz, Das höfische Leben, Bd. II, S. 104.
²) Le Bel Inconnu a. a. O. Vers 6024—6102.
³) Fergus, Roman von Guillaume le Clerc, herausgegeben von E. Martin, Halle 1872, S. 180, Vers 2 bis S. 182, Vers 8.
⁴) Ibid. 185, 28 bis Schluss.
⁵) Escanor, ed. H. Michelant, Stuttgarter Litt. Verein Nr. 178, Tübingen 1886, Vers 163—176.

Canor von Northumberland ein Turnier mit der Bedingung, dass dem Sieger seine Tochter und die Herrschaft seines Landes zufallen solle. Bemerkenswert ist, dass in diesem Fall die Tochter mit der Absicht ihres Vaters nicht einverstanden ist. Sie will unvermählt bleiben und hat bisher alle Bewerbungen zurückgewiesen.[1]) Unter ähnlichen Umständen findet ein Turnier im Chevalier à la Manche statt, bei welchem die Hand der Clarette, Prinzessin von Spanien, als Preis ausgesetzt ist. Aehnlich wie im Fergus, gelingt es hier dem Geliebten der Clarette, einem ungenannten Ritter, der als Wahrzeichen seiner Liebe zu der Prinzessin einen von ihr geschenkten Aermel im Kampfe trägt, den Sieg und die Hand seiner Dame zu erstreiten.[2]) Weniger entgegenkommend beweist sich Garin de Montglane, indem er die Hand der ihm durch den Sieg zugefallenen Florete ausschlägt.[3])

Die Sitte, dass als Siegeslohn eines Turniers der Besitz eines vornehmen Mädchens angeboten wurde, gewinnt ein ganz anderes Aussehen, wenn dies Turnier nicht, wie in den erwähnten Fällen, vom Vater des Mädchens oder an dessen Stelle vom Landesfürsten veranstaltet wurde, sondern wenn die Jungfrau selber das Turnier veranlasste, mit der Absicht, sich mit dem Sieger zu vermählen. Eine alleinstehende Fürstin war in jenen unruhigen Zeiten, in denen der Brautraub durchaus nichts Aussergewöhnliches war, den grössten Gefahren ausgesetzt, und es war daher für sie von höchst praktischer Wichtigkeit, einen tapferen, starken Gemahl zu haben der imstande war, ihr genügenden Schutz zu

---

[1]) Ibid. Vers 98 ff
[2]) Chevalier à la Manche, Teil des niederländischen Lancelot, a: a. O., III. Buch, Vers 16407—16816.
[3]) Enfances Garin de Montglane, hist. litt., Bd. 22, S. 439.

gewähren. Andererseits konnte das Turnier zum Notbehelf werden, um das Drängen allzu stürmischer Freier abzulenken. In dem unter solchen Gesichtspunkten veranstalteten Turnier kann man wohl ein Ueberbleibsel jener uralten Sitte der Gattenwahl[1]) erblicken. Im Partonopeus de Blois[2]) wird die Kaiserin Melior von Konstantinopel vom Sultan von Persien und hundert benachbarten Königen gedrängt, sich zu vermählen. Die Freier nehmen eine so drohende Haltung an, dass die Kaiserin sich entschliesst, ein Turnier zu veranstalten; dem Sieger will sie Hand und Krone schenken. Partonopeus, der die Kaiserin schon lange liebt, hört davon, nimmt an dem Turnier teil und siegt. Er erhält die Hand der Kaiserin und den Thron von Konstantinopel. Weniger glücklich ergeht es im Lai du Chaitivel[3]) einer Dame, welche, um die Tapferkeit ihrer vier Bewerber zu erproben, ein Turnier veranstalten lässt, auf welchem drei von ihnen getötet werden, der vierte aber zum Krüppel gemacht wird.

Nicht immer war es nötig, dass der Gattenwahl ein Turnier vorausging. Ebensowohl war es auch in diesem Falle möglich, dass die umworbene Dame ihren Freiern irgend eine Aufgabe stellte, die Mut und Tapferkeit erforderte. Wer diese Aufgabe löste, den wählte die Jungfrau zu ihrem Gatten. Wir

---

[1]) Vgl. Bernhöft, Frauenleben, S. 31 f.
[2]) Partonopeus de Blois, publié .... par G. A. Crapelet, Paris 1834, Vers 6547 ff., Vers. 9343 ff.
[3]) Lai du Chaitivel von Marie de France a. a. O., S. 368 ff. Vers 71—180.

Veranstaltungen eines Turniers zum Zweck der Wahl zwischen den Bewerbern finden sich ferner in La Vengeance de Raguidel, Vers 1221—1226—1438, und im Chevalier du papegaut (perroquet), hist. litt., Bd. 30, S. 107.

haben oben schon in anderem Zusammenhange gesehen, zu welcher Höhe sich die Ansprüche der Damen oft verstiegen, selbst dem eigenen Ritter gegenüber, der bereits durch treue Dienste sich ein Anrecht auf entgegenkommende Behandlung erworben hatte. Kein Wunder, dass diese Ansprüche nicht minder gross waren, wenn es erst galt, die Tüchtigkeit mehrerer Freier zu prüfen. Es wurde schon erwähnt[1]), welch unglaubliche Leistungen auf dem Gebiet des Distancerittes schon damals vollbracht wurden (vgl. S. 24), wo freilich die Reitübung nicht Selbstzweck war, sondern eine sehr ideale Grundlage hatte — die Liebe. Immerhin war dieser Gedanke selbst für einen Artusroman etwas absonderlich. Nicht selten findet es sich dagegen, dass am Hofe des Königs Artus vor versammelter Ritterschaft eine Dame erklärt, dem Ritter, der ein von ihr angegebenes Unternehmen zu glücklichem Ende führe, ihre Hand zu geben. Es geschieht dies gewöhnlich, ohne dass die betreffende Dame viel umworben ist; oft ist sie sogar gänzlich fremd und stellt sich, ohne dass ihr Erscheinen für den Zusammenhang der Dichtung erforderlich wäre, am Hofe ein. Es ist dies ein beliebtes und von den Trouvères viel gebrauchtes Mittel, um eingeflochtene Abenteuer zu motivieren, die ja gerade einen Hauptbestandteil der Romane der Table ronde bilden. Natürlich finden sich immer galante Helden, die um einer so verlockenden Aussicht willen ihr Leben in die Schanze schlagen, was sie ja doch zu thun gewohnt sind, auch wenn ihnen kein so wertvoller Preis winkt. Hierher gehört z. B. die Handlung des **Lai de la Mule sans Frein**.[2]) Es heisst darin: Als Artus

---

[1]) Lai de Doon, a. a. O. Vers 29—135.
[2]) La Mule sans frain, hist. litt., Bd. 19, S. 723—728.

einst mit seinem Hofe das Pfingstfest feierte, stellte sich eine Jungfrau ein, welche auf einem Maultier ohne Zaum ritt. Sie verspricht dem Ritter ihre Liebe, der ihr denselben wieder verschaffe. Der Sénéchal Keux, der fast in allen Artusromanen eine mehr oder weniger lächerliche Rolle spielt, macht sich auf den Weg, kehrt aber, nachdem sich ihm ernstliche Schwierigkeiten in den Weg gestellt, zum Hohn der ganzen Gesellschaft unverrichteter Sache zurück. Nun macht sich Gauvain an die Lösung der Aufgabe, und ihm gelingt es, nach Bestehung der grössten Gefahren, den Zaum herbeizuschaffen, worauf ihm der versprochene Lohn zuteil wird. — Ein ähnliches Stück vollbringt Ider.[1]) Die Königin Guenloie verspricht ihre Hand dem Ritter, der ihr ein kostbares, von zwei Riesen bewachtes Messer bringen werde. Ider tötet die beiden Riesen und schafft das Messer herbei, worauf die Heirat unverzüglich stattfindet. Eine dem erzählten Anfang des Lai vom Maultier ohne Zaum sehr ähnliche Episode findet sich auch im Tyolet.[2]) Tyolet, ein noch junger, unbekannter Ritter, ist gerade an Artus' Hof gekommen, als sich ein Mädchen, die Tochter des Königs von Logres einfindet, welche ihre Hand dem Ritter verheisst, der ihr den weissen Fuss eines von sieben Löwen bewachten Hirsches bringt. Ein weisser Hund, der der Königstochter gefolgt ist, wird den Ritter an die Stätte geleiten. Tyolet unternimmt das Wagestück, tötet die sieben Löwen und haut dem Hirsch den Fuss ab. Nachdem er durch einen Verräter, der ihm den Fuss entwendet und damit sich selbst die Besiegung der Löwen zuschreibt, fast

---

[1]) Ider, hist. litt., Bd. 30, S. 205 f.
[2]) Lai de Tyolet, gedruckt Romania Bd. 8, S. 40 ff., Vers 321—704.

um den Lohn seiner That gebracht worden wäre,
wird schliesslich doch der Verräter überführt, und
Tyolet bekommt den ihm zukommenden Preis. Ganz
ähnlich findet sich diese Erzählung in dem grossen
niederländischen Lancelot [1]), nur dass hier
nicht die Königstochter selber, sondern die Abgesandte einer Königin an den Hof kommt, und dass
Lancelot die gewonnene Hand der Königin ausschlägt. Bemerkenswert ist ferner eine Stelle in Li
Chevaliers as deus espees [2]), wo es sich freilich
nur indirekt um die Lösung einer Aufgabe handelt;
um so deutlicher tritt jedoch der Gebrauch der
Gattenwahl darin hervor: Eine Königin kommt an
den Hof des Königs Artus, umgürtet mit einem
Schwerte, welches die Eigenschaft hat, dass nur der
tapferste Ritter es vom Gehänge zu lösen vermag.
Sie bittet den König, ihr den Ritter zum Gemahl
zu geben, der ihr das Schwert abnehmen könne.
Meriadeus ist der einzige, der dies fertig bringt.
Seltsam ist auch ein Vorgang in einem Lai der
Marie de France. [3]) Ein König, der seine Tochter
zu verheiraten wünscht (dass sie selber danach verlangt, wird nicht gesagt), lässt bekannt machen, er
werde seine Tochter dem zur Frau geben, der es
vermöge, sie auf seinen Armen, ohne auszuruhen,
auf einen in der Nähe gelegenen Berg zu tragen.

Bei diesen Beispielen des Brautdienstes und der
Gattenwahl ist das Auffallendste und unserer heutigen
praktischen Anschauungsweise Widersprechendste, dass
der Dienst, den die Dame von ihrem Ritter verlangte oder
den sie ihren verschiedenen Bewerbern als Probestück

---

[1]) Lancelot et le cerf au pied blanc, Teil des niederländischen Roman van Lancelot a. a. O. Buch III, Vers 22271—23126.
[2]) Li Chevaliers as deus espees, a. a. O., Vers 1268—1653.
[3]) „Lai des deus amanz" von Marie de France, ed. Roquefort, Paris 1819, Bd. I, S. 252 ff., Vers 32—38.

aufgab, im Allgemeinen für die Auftraggeberin selber von sehr geringem Vorteil ist. Was konnte es der Dame im Lai de Doon nützen, wenn ihre Liebhaber sich auf ihrem Dauerritt Lunge und Leber ruinierten oder sonst irgendwie an ihrem Körper Schaden nahmen? Was hatte die umworbene Schöne davon, wenn ihre Anbeter im Turnier sich die Knochen im Leibe zerbrachen? Heutzutage würde doch ein Mädchen den Mann, den sie liebt, kaum so unnützer Weise in Lebensgefahr bringen wollen. Der Unterschied zwischen heute und damals liegt nun aber gerade darin, dass in jenen Zeiten die Gefahren, die der Ritter auf sich nahm, doch insofern einen Nutzen hatten, als erst durch sie das Liebesverhältnis vor den Augen der Welt gerechtfertigt erschien. Abgesehen von diesem idealen Vorteil, welchen jede kriegerische That des Ritters für die Liebenden mit sich brachte, finden sich nun nahezu in gleicher Fülle Beispiele von wirklich praktischen Diensten, die entweder der Jungfrau selber oder ihrem Vater geleistet werden und die mit der Hand der Jungfrau belohnt werden. Ganz allgemein ist z. B. der Gebrauch, dass ein König, der durch die Tapferkeit eines Ritters aus einer Gefahr befreit ist, diesem seine Tochter vermählt. Hierher gehört z. B. die Episode des Drachenkampfes im Tristan. Tristan kommt nach Irland, um für seinen Oheim, König Marke, um die Hand der Prinzessin Isolde zu werben. Um diese Zeit hauste in Irland ein fürchterlicher Drache, und der König hatte dem Besieger des Ungetüms die Hand seiner Tochter verheissen.[1] Tristan

---

[1] In den französischen Bruchstücken (ed. von Fr. Michel, London 1835/39) ist die Episode des Drachenkampfes nicht erhalten. Ich citiere deswegen nach dem deutschen Tristan Gottfrieds von Strassburg, herausgegeben von Reinh. Bechstein (3. Aufl., Leipzig 1890), Vers 8901—8917.

unternimmt den Kampf, tötet den Drachen¹) und wird dann, ähnlich wie Tyolet und Lancelot (siehe S. 31 f.), durch einen Verräter, der für sich selber den Sieg in Anspruch nimmt, beinahe um den zugesagten Preis gebracht. Schliesslich kommt auch hier die Wahrheit ans Licht. Tristan begnügt sich indes damit, seinem Auftrage gemäss im Namen des Königs Marke um die Isolde anzuhalten.²) — Ausserordentlich häufig ist ferner von kriegerischen Einfällen die Rede, welche durch die thatkräftige Hülfe eines Helden glücklich abgewandt werden, wofür dann der Sieger mit dem Besitz der Königstochter belohnt wird. Unter anderm sei das Beispiel des Guy of Warwick³) erwähnt, welcher den Kaiser von Konstantinopel von einem Einfall des Sultans von Babylon befreit, worauf der erstere ihm seine Tochter anbietet. Guy schlägt das Anerbieten nur in Erinnerung an seine Jugendliebe im fernen Heimatlande, eine englische Prinzessin, aus. Bezeichnend für die Anschauung, dass auch Leute niederen Standes durch Waffentüchtigkeit zum höchsten gelangen konnten, ist auch das Epos Hue Capet.⁴) Das Gedicht legt überhaupt beredtes Zeugnis ab für das erwachende Selbstbewusstsein des Bürgerstandes, wie es in der ersten Hälfte des 14. Jahrhunderts in den Städten, besonders in Paris, sich kundthat. Der Trouvère lässt den späteren König Hugo Capet als Sohn eines „Sire" de Beaugenci und der Tochter eines reichen Fleischers geboren werden. Nachdem der junge Hue sein väterliches Erbteil verjubelt, bleibt ihm nichts weiter übrig, als bei seinem Oheim, dem reichsten Schlächtermeister von Paris, in die

---

¹) Ibid. Vers 8980—9068.
²) Ibid. Vers 9069 ff.
³) Guy of Warwick a. a. O., Vers 3929—4208.
⁴) Hue Capet, Inhalt hist. litt., Bd. 26, S. 125—139..

Lehre zu treten. Doch liegt ihm der Hang zu ritterlichen Abenteuern zu sehr im Blute, als dass er mit Befriedigung seinem neuen Geschäfte nachgehen könnte. Bald bietet sich ihm auch Gelegenheit, sich seinem eigentlichen Berufe zuzuwenden. Paris wird von feindlichen Heeren belagert, und Hue ist derjenige, durch dessen Tapferkeit die Streitkräfte der Belagerer zerstreut und vernichtet werden. Der verdiente Held erhält zum Lohn die Hand der Erbprinzessin Blancheflor und steigt so vom Fleischergesellen zum König von Frankreich empor.[1]) — Nicht immer wurden hierbei zugesagte Bedingungen so getreulich gehalten. So bietet Doon de Mayence[2]) dem König l'Aubigan von Vauclere gegen die seine Stadt belagernden Dänen Hülfe an unter der Bedingung, dass der König ihm seine Tochter Flandrine zur Gattin geben solle; l'Aubigan, der sich in grosser Bedrängnis befindet,

---

[1]) Ohne irgendwie eigenartiges Interesse zu haben, gehören hierher:
Le Couronnement de Louis, publié par E. Langlois, Paris 1888, Vers 1356—1364.
Charles le Chauve, hist. litt., Bd. 26, S. 99.
Florent et Octavian, hist. litt., Bd. 26, S. 322.
Florence de Rome, hist. litt, Bd. 26, S. 339.
Enfances Garin de Montglane, hist. litt., Bd. 22, S. 439.
Floovent, hist. litt., Bd. 26, S. 7.
Jourdain de Blaives, hist. litt., Bd. 22, S. 586. (Junker, Grundr. d. franz. Litt., S. 57 f.)
Le Chevalier au Cygne et Godefroy de Bouillon, herausgegeben von Baron v. Reiffenberg, Brüssel 1846, Vers 2371—2714. Hier besteht der einzige Unterschied von den anderen Beispielen darin, dass die Dienste nicht einem König, sondern einer Herzogin geleistet werden, die ihrerseits ihre Tochter mit dem Befreier vermählt. (Derselbe Stoff im deutschen Lohengrin.)
[2]) Doon de Mayence a. a. O., Vers 7554—7782.

sagt zu mit dem Nebengedanken, dass er nach Besiegung der Dänen wohl auch mit der Handvoll Franken fertig werden würde.¹) Als er aber wirklich seinen Treubruch ins Werk setzen will, entsteht ein wütender Kampf, in dem unter vielen anderen auch der König erschlagen wird. Doon aber erhält die Herrschaft in der Stadt und heiratet die Flandrine. Nicht so glücklich gelingt es dem Aucassin (in der berühmten „chantefable" Aucassin und Nicolete)²), sich sein Recht zu verschaffen. Aucassin sagt seinem Vater die Rettung seines von Feinden bedrängten Königreiches nur unter der Bedingung zu, dass er die Nicolete einmal küssen und drei Worte mit ihr wechseln dürfe. Dies Versprechen, welches ihn dem Ziel seiner Wünsche immerhin etwas näher bringen kann, wird ihm auch gemacht. Er schlägt die Feinde, sieht sich aber dann grausam um den Lohn seiner Mühe betrogen.

Grössere Treue und Ehrlichkeit pflegen in dieser Beziehung die Damen selber zu zeigen. Wenigstens findet sich kein Beispiel davon, dass ein Mädchen dem Ritter, der sie aus drohender Gefahr befreit, den versprochenen und ihm nach der Sitte der Zeit zukommenden Lohn schuldig bleibt. Besonders ist es ein dem vorher Erörterten ganz analoger Zug, dass ein Ritter eine Königin von ihren Feinden befreit und zum Dank ihre Hand und ihre Krone erhält. Von dem gewöhnlichen Gange etwas abweichend ist eine Episode in Le Bel Inconnu.³) Giglain, der als junger Ritter eben an Artus' Hof gekommen ist, folgt dem Rufe einer Jungfrau, welche um Befreiung ihrer verzauberten Herrin bittet. Er

---

¹) Ibid. Vers 10854—11349.
²) Aucassin et Nicolete, ed. Herm. Suchier, 3. Aufl., Paderborn 1889, Capitel 2, S 4 und 5.
³) Le Bel Inconnu a. a. O., Vers 2902—3603.

gelangt in die „Gaste Cité", tötet zwei ihm entgegentretende Ritter und sieht sich dann einer Schlange gegenüber, die sich ihm aber demütig und zahm nähert und ihn, bevor er es hindern kann, auf den Mund küsst. Damit ist der Zauber gebrochen; die Schlange verwandelt sich in ein schönes Mädchen, eine Königstochter, welche dem Befreier Hand und Krone bietet. Giglain beweist sich diesem freundlichen Entgegenkommen gegenüber sehr zurückhaltend, indem er eine ausweichende Antwort giebt.[1])

III.

Nachdem im Obigen die Spuren des Brautraubes und Brautkaufes, welch letzterer gewöhnlich in der Form des Dienens um die Braut nachgewiesen ist, einer eingehenden Betrachtung unterzogen sind, möge daran noch eine Erörterung geknüpft werden, welche zwar nicht direkt zum Thema gehört, aber doch im Anschluss an die angeführten Beispiele sich fast von selbst ergiebt. In sehr vielen von den erwähnten Fällen, wo ein Ritter sich auf die Hand einer Dame durch Besiegung ihres Vaters oder Gatten, durch

---

[1]) Folgende weniger interessierenden Beispiele bedürfen keiner näheren Erörterung;
Aubéri le Bourgoing a. a. O., S. 36 ff.
Englischer Perceval, hist. litt.- Bd. 30, S. 257 f.
Ogier le Danois, hist. litt., Bd. 22, S. 658.
Florient et Florete, hist. litt., Bd. 28, S. 150.
Li romans de Durmart le Galois, ed. von Edmund Stengel, Stuttg. Litt. Verein, 1873, Bd. 116, Vers 14766—14879.
Daniel (vom Stricker) a. a. O., S. XIII—XV.
Le Chevalier as deus espees a. a. O., Vers 4589 bis 4906.
La Vengeance de Raguidel a. a. O., Vers 3365—3687.

Erfüllung einer gestellten Aufgabe, durch Sieg im Turnier, endlich durch die der Jungfrau oder ihrem Gewalthaber geleistete Hülfe Anspruch erworben hat, lässt sich die Beobachtung machen, dass der Ritter sein Weib nicht in seinen Rittersitz mit sich führt, sondern dass er selber mit seiner Gattin zugleich ihr Besitztum — in der Dichtung gewöhnlich ein Königreich — sich erheiratet. Das Auffällige dabei ist, dass stets mit grosser Selbstverständlichkeit angenommen wird, dass die Königstochter das Recht hat, selber über die Herrschaft zu verfügen, sie auch nach ihrem Belieben auf ihren Gatten zu übertragen. Der nächstliegende Gedanke ist doch der, es müsse die Herrschaft zunächst auf den Sohn des Königs übergehen. Das findet sich aber in den altfranzösischen Gedichten äusserst selten. Gewöhnlich ist nur von einer Erbprinzessin oder von einer verwitweten Königin die Rede, mit deren Hand zugleich das Reich vergeben wird. Dieses geflissentliche Fehlen eines männlichen Erben ist nun doch wohl nicht allein darauf zurückzuführen, dass es dem Trouvère Gelegenheit gab, seinen Helden zu immer höheren Ehren emporsteigen zu lassen. Wenn man bedenkt, dass in jenen Dichtungen die meisten Züge auf alter Volksüberlieferung beruhten und von den Trouvères nur in ein zusammenhängendes Ganzes gebracht wurden, so wird man sofort davon absehen müssen, der erwähnten Erscheinung einen so äusserlichen Grund unterzuschieben. Wenn aber das Volk in seinen uralten Sagen und Märchen schon dieselbe Neigung hatte, vom männlichen Erben grundsätzlich abzusehen, so darf man wohl annehmen, dass es dies in der unbewussten Nachwirkung einer früher allgemeinen Auffassung that, welche überhaupt die Frau als Mittelpunkt und Haupt der Familie ansah. Dieses System, welches man mit dem Namen

„Mutterrecht" bezeichnet, steht im direkten Gegensatz zu unserer modernen, patriarchalischen Familienverfassung. Man hat nachgewiesen, dass das Mutterrecht bei allen Völkern einmal geherrscht haben muss.[1]) Wesentlich ist beim Mutterrecht, dass die Kinder einer Mutter unter sich und zur Mutter im nächsten Verwandtschaftsverhältnis stehen, nicht aber zum Vater, der bei so herrschendem Recht überhaupt nie Familienhaupt wird, sondern auch nach seiner Verheiratung nur Mitglied der Familie seiner eigenen Mutter bleibt. Eine Folge der mutterrechtlichen Anschauung war nun aber auch, dass die Töchter vielfach im Erbrecht vor den Söhnen bevorzugt wurden.[2]) Dieser Zug mag sich nun in der erwähnten, so häufigen Erscheinung erhalten haben. In den von mir als Spuren der Raub- oder Kaufehe angeführten Beispielen findet sich mehr als zwanzigmal ausdrücklich bemerkt, dass die Königin oder Königstochter dem glücklichen Bewerber mit ihrer Person zugleich ihr Land zubringt. An vier Stellen folgt der Ritter, der durch Besiegung des Vaters sich die Tochter erwirbt, jenem in der Herrschaft.[3]) Dreimal wird der Mörder des Gatten dessen Nachfolger in der Ehe und auch in der Regierung.[4]) Noch häufiger findet sich dieser

---

[1]) Für die alte Welt beweist dies Bachofen, Das Mutterrecht (Stuttgart 1861); für alle Völker Dargun a. a. O, S. 4 ff., für die germanischen Völker speciell S. 21 ff.; vgl. v. Wlislocki, Vom wandernden Zigeunervolk (Hamburg 1890), S. 63 ff., wo das Mutterrecht auch bei den Zigeunern nachgewiesen wird.

[2]) Dies weist Dargun (S. 60 ff.) fürs germanische Recht nach; allerdings bezieht sich dort die Bevorzugung nur auf Mobilien.

[3]) Lanzelet an 2 Stellen; Vengeance de Raguidel; Guibert d'Andrenas.

[4]) Iwain; Chanson des Saisnes; Daniel.

Zug beim Erdienen der Braut. Mit der Hand der Dame erwirbt sich der Ritter zugleich Anrecht auf ihr Besitztum, nachdem er entweder im Turnier gesiegt (viermal)[1] oder eine gestellte Aufgabe gelöst (zweimal)[2] oder endlich dem Gewalthaber der Jungfrau (siebenmal)[3] oder ihr selber (viermal)[4] einen wichtigen Dienst geleistet hat. Mit grösserer Sicherheit könnte man diese Erscheinung auf das Mutterrecht zurückführen, wenn ein Fall vorläge, wo trotz des Vorhandenseins männlicher Nachkommen weibliche Erbfolge stattfände. Immerhin geht man wohl nicht fehl, wenn man die in diesen Dichtungen hervortretende Neigung, männliche Erben zu ignorieren, als eine — vielleicht unbewusste — Forderung des früher geltenden Mutterrechtes ansieht.

IV.

Schon bei flüchtigem Ueberblicken der im Laufe der Untersuchung herangezogenen Beispiele wird man die Beobachtung machen, dass dieselben sich fast sämtlich in die drei Kategorieen einordnen lassen, die beim altfranzösischen Epos überhaupt in erster Linie zu unterscheiden sind. Diese drei Hauptgruppen sind:

---

[1] Le Bel Inconnu; Fergus; Escanor; Partonopeus de Blois.
[2] Tyolet; Lancelot et le cerf . . . .
[3] Hue Capet; Charles le Chauve; Florent et Octavian; Florence de Rome; Enfances Godefroy; Doon de Mayence; Couronnement Louis.
[4] Aubéri le Bourgoing; engl. Perceval; Le Bel Inconnu; Durmart le Galois.

1) **Chansons de Geste**, d. h. Dichtungen, deren
— freilich sehr oft ins Sagenhafte gehüllter —
Ursprung in der französischen Geschichte liegt.
2) Die sogenannten **bretonischen Romane**, die
meistens mit der Sage von Artus verknüpft sind.
3) Die Epen **griechischen**, d. h. byzantinischen
Ursprungs.

Im Allgemeinen kann man nun annehmen,
dass die Chansons de Geste die ureigenen Anschauungen und Empfindungen des **französischen Volks**, wie sie durch die grossen Ereignisse
der ersten Karolingerzeit eingewurzelt waren, wiederspiegeln.[1]) Ebenso geht man wohl nicht fehl, wenn
man die Romane byzantinischen Ursprungs als
wesentlich orientalischen Charakters und als ihrem
Inhalte nach im Allgemeinen frei von anderweitigen
Einflüssen[2]), wenn nicht etwa dem französischen,
ansieht. Am schwierigsten erscheint die Frage nach
dem Ursprung der „bretonischen Romane". Die
Ansicht, „dass die Franzosen die Artusromane mit
Haut und Haaren von den Kelten übernommen
haben", ist beweisend widerlegt worden.[3]) Derselbe
Gelehrte stellt dann die Behauptung auf, die Artusgedichte enthielten, abgesehen von dem äusseren
Aufputz, überhaupt nichts Keltisches, seien vielmehr
nichts anderes, als Chansons de Geste, welche von
den Jongleurs nur mit der damals modernen Staffage

---

[1]) Abgesehen von einzelnen jüngeren Chansons, die fremdartige Stoffe behandeln und durch die Volkssänger (jogleors)
nur aus praktischen Rücksichten in den Rahmen der Chansons
de Geste eingefügt sind (so Jourdain de Blaie; Florent et Octavian; Florence de Rome, cf. G. Paris, La litt. franç. au moyen
âge, Paris 1890, § 27).

[2]) Doch zeigt Guillaume de Palerme keltische Züge (vgl.
G. Paris a. a. O., S. 107).

[3]) Von Wendelin Foerster, Einl. zum Löwenritter (Halle
1887).

der phantastischen keltischen Sagen geziert worden seien.¹) Nun zeigt sich aber zwischen den Chansons de Geste und den bretonischen Romanen in der Auffassung des Brautdienstes durchweg eine derartige Verschiedenheit, wie sie in Dichtungsgattungen, von denen die eine genau der anderen nachgebildet sein soll, unmöglich hervortreten kann. Gerade die Stellung von wunderbaren Aufgaben, welche stets auf noch wunderbarere Weise erfüllt werden, harmoniert mit dem Inhalt der echt keltischen Lais vollkommen, während die Chansons de Geste nichts Aehnliches bieten. Liegt da nicht die Vermutung sehr nahe, dass wenigstens diese betreffenden Stellen in den bretonischen Romanen wirklich keltischen Ursprungs sind? So lange indessen das Dunkel, welches diese Frage umhüllt, nicht gänzlich gelichtet ist, wird man hier über eine, wenn auch meines Erachtens recht annehmbare Vermutung nicht hinauskommen. Immerhin werden wir im Folgenden zwischen den sicher auf keltischem Boden erwachsenen Lais und den — möglicherweise mit keltischen Bestandteilen durchsetzten — sogenannten Artusromanen unterscheiden müssen.²)

---

¹) W. Foerster im Litt. Blatt für germanische und romanische Philologie 1890, S. 268 ff.

²) Nur sehr wenige der angeführten Beispiele entstammen Dichtungen, die sich nicht einem der drei Hauptgebiete anschliessen, so der kleine, auf reiner Erfindung beruhende Roman Gautier d'Aupais.

Man halte es mir zu gute, wenn ich in der folgenden Uebersicht vielfach der Kürze halber den Ausdruck „bretonische Dichtung" gebrauche. Wenn Foersters — bisher noch nicht widerlegte — Ansicht richtig ist, ist der Ausdruck „bretonische Dichtungen" für echt französische Romane, die sich nur mit einigen sehr oberflächlichen bretonischen Federn geschmückt hätten, natürlich unzulässig; aber selbst wenn, wie ich glaube,

Wir wollen nun kurz zusammenstellen, wie die einzelnen Erscheinungen des Brautraubes und Brautkaufes sich auf die drei Dichtungsgattungen verteilen.

Der Brautraub ist trotz mancher Schwankungen im Einzelnen auf die drei Gebiete ziemlich gleichmässig ausgedehnt.[1] Auffallend ist zunächst, dass die Anwendung von List, gewöhnlich in Gestalt freiwilliger Entführung, sich vorwiegend in Romanen byzantinischen Ursprungs findet, weniger häufig in Chansons de Geste und gar nicht in Artusromanen.[2] Dagegen findet sich der Vorgang, dass ein Ritter die Hand einer Frau gewinnt nach Besiegung ihres Vaters, Gatten oder Verlobten gar nicht in den Dichtungen orientalischer Herkunft, verhältnismässig

---

die aus der Bretagne entlehnten keltischen Bestandteile zahlreicher und gewichtiger sind, ist jener Ausdruck recht gewagt und von mir nur angewandt, weil er der kürzeste ist, und weil man wenigstens nicht zweifelhaft sein kann, was damit gemeint ist.

[1] Brautraub im eigentlichen Sinne in zwei bretonischen Romanen (Gefahrvoller Kirchhof; Erec), in einer Chanson de Geste (Aye d'Avignon). — Erpressung besonders in Chansons de Geste (Aye d'Avignon; Elie de St. Gille; Doon de Mayence; Florent et Octavian; Florence de Rome, wovon die beiden letzten nicht französischen, sondern vielleicht orientalischen Ursprungs sind); doch auch in bretonischen Dichtungen (Chevalier as deus espees; Lais de Gugemer und d'Eliduc, welche beide keltischer Herkunft sind), endlich in den Romanen Athis und Porphirias, Guillaume de Palerme, welchen orientalische Quellen zu Grunde liegen (vgl. G. Paris a. a. O. § 51).

[2] Anwendung von List in Romanen byzantinischen Ursprungs (Cléomades, Méliacin, Guillaume de Palerme, Florient et Florete, Floris und Liriope); nur in zwei Chansons de Geste (Aiol und Florent et Octavian, von denen das letztere aber seiner ganzen Handlung, wie auch dem Schauplatz nach sich mehr den orientalischen Stoffen zu nähern scheint).

selten in Chansons de Geste, häufig aber in bretonischen Dichtungen.¹)

Die wenigen Beispiele von eigentlichem **Brautkauf** finden sich nur in zwei, inhaltlich sehr ähnlichen Epen orientalischen Ursprungs und in einer Chanson de Geste, während eine andere Chanson de Geste, wie wir gesehen haben, ein Beispiel liefert, das auf deutliche Abneigung gegen die Anschauung des Brautkaufes schliessen lässt.²)

Ungleich zahlreicher ist der als Abart des Brautkaufes anzusehende **Brautdienst** vertreten. Wir haben in obiger Ausführung zwei Hauptunterschiede gemacht: 1) Der geleistete Dienst hat nur den idealen Zweck, die Tapferkeit des Ritters zu beweisen. 2) Mit dem Dienst ist ein persönlicher, direkter Vorteil der Braut oder ihres Gewalthabers verbunden.

Betrachten wir zunächst den ersten Fall, so finden wir in erster Linie Beispiele, in welchen die

---

¹) In Artusromanen (Lanzelet an zwei Stellen; Vengeance de Raguidel an zwei Stellen [einmal Besiegung des Vaters und einmal des Verlobten]; Daniel, Chrestiens Lancelot, endlich Ivain, wo freilich gerade die uns interessierende Stelle auf keinem spezifisch keltischen, sondern auf einem internationalen, schon im Altertum bekannten, ursprünglich aus dem Orient stammenden Sagenstoff beruht [vgl. W. Foerster, Der Löwenritter, a. a. O. S. XXI—XXIII]). — In Chansons de Geste (Guibert d'Andrenas, Chanson des Saisnes, Bueves de Commarchis).

²) Der Stoff des Cléomades und des Méliacin ist sicher orientalisch, er findet sich zuerst wohl in indischen Erzählungen, kam dann zu den Arabern und gelangte wahrscheinlich durch diese über Spanien nach Frankreich (vgl. hist. litt. Bd. 31, S. 192 f.). Die einzige Chanson de Geste, die ein Beispiel von Brautkauf bietet, ist Aubéri le Bourgoing, eine Dichtung, die im Gegensatz zu anderen Chansons de Geste ausserordentlich viel Fabelhaftes enthält, und bei der die Erscheinung des Brautkaufes leichter erklärlich ist (vgl. G. Paris a. a. O. § 25).

Jungfrau ihrem Bewerber die Erhörung seiner Wünsche von einer zu erfüllenden **Aufgabe** abhängig macht. Diese kann zweierlei Art sein:

1) Es wird allgemein Bethätigung der Tapferkeit verlangt. Diese einfachste Art der Aufgabestellung findet sich nur in **einem** Artusroman und in zwei Chansons de Geste, dieselbe Auffassung, aber in anderer Form auch in einem Gedichte germanischen Ursprungs.[1]

2) Es wird eine bestimmte Aufgabe gestellt. die in den meisten Fällen wunderbarer Art ist und auch wunderbare Lösung findet. Hiervon haben wir Belege nur in bretonischen Dichtungen.[2]

Hervorragende Tapferkeit wird ferner mehrmals auf dieselbe Art belohnt, auch ohne dass irgend welche Aufgabe gestellt war. Vorzugsweise erhält der Sieger im Turnier die Hand einer Jungfrau, und zwar, wie wir gesehen haben, ohne dass er sich um sie bewirbt, ja sogar ohne dass ihm damit sonderlich

---

[1] Im Méraugis von Raoul de Houdenc, nächst Chrestien wohl dem bedeutendsten Bearbeiter bretonischer Stoffe; ferner im Bueves de Commarchis und im Guy de Warwick. Der Letztere enthält freilich auch germanische Elemente (was A. Tanner, Die Sage von Guy von Warwick, Diss. Bonn 1877, S. 43 ff. nachweist), aber die für uns wichtigen Stellen sind jedenfalls, wie der grösste Teil des langausgedehnten Gedichts, französisches Beiwerk, das dann in die — von mir citierte — altenglische Bearbeitung hinübergenommen ist. — Der Roman von Horn, dessen Eigenart bereits hervorgehoben wurde, ist die einzige der in Betracht kommenden Dichtungen, deren germanischer Ursprung sicher ist (vgl. Wissman, Anglia Bd. 4 S. 342 bis 400).

[2] Es sind die Romane Torec, Teil der grossen niederländischen Compilation des Lancelot, welche sicher auf französiche Dichtungen zurückzuführen ist (vgl. hist. litt. Bd. 30, S. 263); ferner die Fortsetzung des Chrestienschen Perceval von Gautier de Doulens; Le Bel Inconnu; Gliglois; endlich das **keltische** Lai de Doon.

gedient ist. Auch diese Erscheinung findet sich in Artusromanen weit häufiger als in Chansons de Geste. ¹)

Auch die **Gattenwahl** findet sich überwiegend in bretonischen Dichtungen.

Dass behufs Gattenwahl ein Turnier veranstaltet wurde, haben wir in drei bretonischen Dichtungen und in **einem** Romane byzantinischer Herkunft gefunden. ²)

Endlich konnte auch die Gattenwahl von der Erfüllung einer Aufgabe abhängig gemacht werden, und auch hier dienen, wie bei der dem einzelnen Bewerber gestellten Aufgabe, ausschliesslich bretonische Dichtungen als Beleg. ³)

Um das Resultat unserer Uebersicht über die Belege der ersten Hauptgruppe des Brautdienstes kurz zu nennen:

---

¹) In den Artusromanen: Le Bel Inconnu, Fergus, Escanor, Chevalier à la Manche (Teil des niederländischen Lancelot, vgl. oben); von Chansons de Geste gehört nur Garin de Montglane hierher.

²) In den Artusromanen La Vengeance de Raguidel und im Chevalier du papegaut und im keltischen Lai du Chaitivel der Marie de France; der Roman byzantinischen Ursprungs ist Partonopeus de Blois.

³) Artusromane: Ider, Lancelot et le cerf au pied blanc (Teil des niederländischen Lancelot, vgl. oben), Mériadeus oder Le Chevalier as deus espees; keltische Lais: La Mule sans Frein; Lai de Doon; Lai de Tyolet; Lai des deus amanz von Marie de France. Auf die grosse Aehnlichkeit der Episoden im Tyolet und im Lancelot et le cerf .... ist bereits hingewiesen. Beide werden auf eine gemeinsame Urquelle zurückgehen, welcher der Drachenkampf im Tristan noch näher steht. Die Episode ist übrigens nicht speziell keltisch, sondern international; sie ist auch in einem griechischen Mythus und selbst in Bengalen nachgewiesen worden. (Vgl hist. litt. Bd. 30, S. 115—117.)

Es finden sich Belege:
in bretonischen Dichtungen . . . 20
(darunter keltische Lais . . 6)
in Chansons de Geste 4
in byzantinischen Romanen . . . 1

Ganz anders gestaltet sich das Verhältnis der drei oder besser zwei Hauptrichtungen des altfranzösichen Epos — denn die Romane byzantinischer Herkunft nehmen bezüglich des Brautdienstes eine zu untergeordnete Stellung ein — in den Fällen, welche die zweite Hauptgruppe des Erdienens der Braut in sich schliesst. Das wesentliche Unterscheidungsmoment dieser Gruppe von der vorigen ist, dass der vom Bewerber geleistete Dienst für die Braut oder ihren Gewalthaber von persönlichem, materiellem Vortheil ist. Die Eigenart der Chansons de Geste einerseits und der bretonischen Dichtungen andererseits tritt auch hier in charakteristischer Weise hervor. Dass ein König ihm geleistete Kriegsdienste mit der Hand seiner Tochter belohnte, lag, wenn es auch nichts Alltägliches war, immerhin im Bereich der Möglichkeit. Daher denn die mehr realistischen Chansons de Geste diese Erscheinung mit Vorliebe aufweisen.[1])

Die oft unter romantischen Umständen erfolgende Befreiung einer Jungfrau aus drohender Gefahr, aus

---

[1]) Belohnung der dem Vater oder Gewalthaber geleisteten Dienste mit der Hand der Tochter in den Chansons de Geste: Hue Capet, Charles le Chauve, Florent et Octavian, Florence de Rome, Garin de Montglane, Couronnement de Louis, Floovent, Enfances Godefroy, Doon de Mayence, endlich Guy of Warwick, bei welchem auch diese Stelle französisches Beiwerk ist (vgl. S. 45, Anm. 1). Von bretonischen Dichtungen zeigt diesen Zug nur Tristan im Drachenkampf, der übrigens, wie erwähnt, auf einem internationalen Sagenstoff beruht (vgl. S. 46, Anm. 3).

den Banden von Zauberern u. dgl. lag mehr im Sinne der bretonischen Dichtung und findet sich dort vorzugsweise. [1])

Die Romane byzantinischen Ursprungs, obwohl für den Brautdienst wenig in Betracht kommend, bieten dennoch auch in dieser Beziehung einige vereinzelte Erscheinungen. [2])

---

[1]) Befreiung der Jungfrau in den Artusromanen: Durmart le Galois, engl. Perceval, Daniel, Le Bel Inconnu, La Vengeance de Raguidel, Le Chevalier as deus espees; in den Chansons de Geste: Aubéri le Bourgoing, Ogier le Danois.

[2]) Belohnung der dem Vater oder Gewalthaber geleisteten Hülfe durch die Hand einer Königstochter im Jourdain de Blaives, dessen zweiter — hier in Betracht kommender — Teil die Nachahmung eines griechischen Romans (Appollonius von Tyrus) ist (vgl. G. Paris a. a. O. S. 47) und — d. h. versprochene, aber nicht gehaltene Belohnung — in Aucassin und Nicolete (wo jedoch provençalischer Ursprung oder Beeinflussung nicht ausgeschlossen scheint). Befreiung der Jungfrau selber in Florient et Florete.